MINISTÈRE DU COMMERCE, DE L'INDUSTRIE
ET DES COLONIES.

EXPOSITION UNIVERSELLE INTERNATIONALE DE 1889.

DIRECTION GÉNÉRALE DE L'EXPLOITATION.

CONGRÈS INTERNATIONAL
POUR L'ÉTUDE DE LA TRANSMISSION
DE LA PROPRIÉTÉ FONCIÈRE,

TENU À PARIS DU 8 AU 14 AOÛT 1889.

PROCÈS-VERBAUX SOMMAIRES

RÉDIGÉS

PAR M. LÉON MICHEL,

AGRÉGÉ DE LA FACULTÉ DE DROIT DE PARIS, SECRÉTAIRE DU CONGRÈS.

PARIS.

IMPRIMERIE NATIONALE.

M DCCC LXXXIX.

MINISTÈRE DU COMMERCE, DE L'INDUSTRIE
ET DES COLONIES.

EXPOSITION UNIVERSELLE INTERNATIONALE DE 1889.

DIRECTION GÉNÉRALE DE L'EXPLOITATION.

CONGRÈS INTERNATIONAL
POUR L'ÉTUDE DE LA TRANSMISSION
DE LA PROPRIÉTÉ FONCIÈRE,

TENU À PARIS DU 8 AU 14 AOÛT 1889.

PROCÈS-VERBAUX SOMMAIRES

RÉDIGÉS

PAR M. LÉON MICHEL,

AGRÉGÉ DE LA FACULTÉ DE DROIT DE PARIS, SECRÉTAIRE DU CONGRÈS.

PARIS.

IMPRIMERIE NATIONALE.

M DCCC LXXXIX.

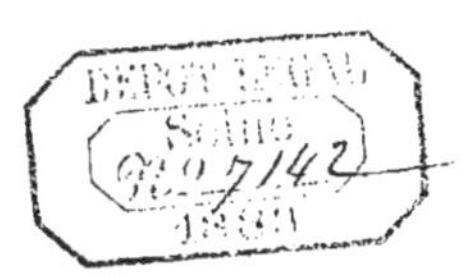

COMITÉ D'ORGANISATION[1].

___

PRÉSIDENT.

M. Duverger, professeur honoraire à la Faculté de droit de Paris.

VICE-PRÉSIDENTS.

MM. Yves Guyot, député de la Seine[2].
    Duplan, président de la Chambre des notaires.
    Gonse, conseiller à la Cour de cassation.

SECRÉTAIRE.

M. Michel (Léon), agrégé à la Faculté de droit de Paris.

MEMBRES DU COMITÉ.

MM.

Bétolaud, avocat à la Cour de Paris.
Bompard, membre du Conseil municipal de Paris.
Boulanger, sénateur.
Boutin, directeur général des Contributions directes.
Bufnoir, professeur à la Faculté de droit de Paris.
Challamel (Jules), avocat à la Cour de Paris.
Christophle, gouverneur du Crédit foncier.
Dain, professeur à l'École de droit d'Alger.
Deloncle, publiciste.
Denormandie, sénateur.
Donnat, membre du Conseil municipal de Paris.
Dreyfus (Ferd.), ancien député.
Flour de Saint-Genis, conservateur des hypothèques.
Foville (de), chef de la statistique au Ministère des finances.
Gérardin, professeur à la Faculté de droit de Paris.
Gide, professeur à la Faculté de droit de Montpellier.
Léveillé, professeur à la Faculté de droit de Paris.

___

[1] Le Comité d'organisation a été nommé par arrêtés ministériels des 5 décembre 1888, 28 février et 21 mars 1889. Le bureau a été nommé lors de la première séance du Comité, le 21 décembre 1888.

[2] M. Yves Guyot ayant été, postérieurement à la constitution du bureau, nommé Ministre des travaux publics, la Commission, dans une séance ultérieure, a adjoint au bureau comme 3ᵉ vice-président M. Gonse, conseiller à la Cour de cassation.

MM.

LIOUVILLE, avocat à la Cour de Paris.

MARTIN-FEUILLÉE, député.

MASSIGLI, agrégé à la Faculté de droit de Paris.

MÉLIODON, secrétaire général du Crédit foncier.

MILLERAND, député.

RIBOT, député.

SABATIER, député.

TIPHAIGNE, directeur général de l'enregistrement, des domaines et du timbre.

CONGRÈS INTERNATIONAL
POUR L'ÉTUDE DE LA TRANSMISSION
DE LA PROPRIÉTÉ FONCIÈRE.

PROCÈS-VERBAUX DES SÉANCES.

Séance du 8 août.

Le Congrès se réunit à 2 heures dans la salle des congrès et conférences du Palais du Trocadéro.

M. Duverger, professeur honoraire de la Faculté de droit de Paris, président du Comité d'organisation, souhaite au nom du Comité la bienvenue aux délégués des Gouvernements étrangers, aux étrangers, à nos compatriotes des colonies, de la province, de Paris : « Nous vous remercions cordialement d'avoir accepté notre invitation; ce sera pour nous un avantage d'un prix inestimable d'étudier et de discuter avec d'éminents jurisconsultes, avec d'éminents économistes des deux mondes, en matière de richesse individuelle et de richesse générale, ces questions vitales : comment satisfaire les propriétaires fonciers qui aspirent à la sécurité et à la liberté aussi complètes que possible? Comment satisfaire la société qui aspire à la plus productive exploitation des immeubles et à la plus satisfaisante fécondité du crédit? »

Le Congrès procède à l'élection du bureau : il nomme par acclamation présidents d'honneur : MM. Yves Guyot, Ministre des travaux publics, Pellegrini, Vice-Président de la République Argentine, délégué extraordinaire; Vice-Présidents d'honneur : MM. Émile Dansaert, Président du Crédit foncier de Belgique, délégué du Gouvernement belge; Denormandie, sénateur; Manuel de Alonxo Martinez, ancien ministre, délégué du Gouvernement espagnol; Eduardo Zarate, député, délégué du Gouvernement mexicain.

Sont maintenus au bureau du Congrès les membres du bureau du Comité d'organisation : M. Duverger, président; MM. Duplan, Président de la Chambre des notaires; Gonse, Conseiller à la Cour de cassation, Vice-Présidents; Léon Michel, agrégé à la Faculté de droit de Paris, Secrétaire, auquel le Congrès adjoint MM. Dain, professeur de l'École de droit d'Alger, délégué du gouverneur de l'Algérie, et Flour de Saint-Genis, conservateur des hypothèques.

M. Duverger témoigne au Congrès sa profonde reconnaissance. Le Gouvernement français a bien fait de provoquer les vœux d'un Congrès international pour l'amélioration du transfert des biens fonciers. S'il est vrai que la personne communique son inviolabilité à la chose qu'elle fait sienne, le propriétaire a droit à la certitude de ne pouvoir être évincé, quand, de bonne foi, il s'est conformé aux dispositions de la loi pour acquérir; il a droit de n'être gêné ni pour aliéner, ni pour hypothéquer; il a le droit de n'être pas exclu, par le vice de la loi, du prêt à long terme, remboursable par annuités. La société, d'autre part, est fondée à réclamer une circulation des immeubles, telle que la propriété foncière arrive le plus tôt possible aux mains de ceux qui sauront le mieux en tirer parti. Ceux-là s'attacheront à leurs biens que le crédit aura fécondés.

Les propriétaires et la société se plaignent vivement, dans plusieurs pays, de n'avoir ni la sécurité, ni le crédit, ni la facilité de circulation des immeubles. Sans rien préjuger des décisions du Congrès, M. Duverger pense que tous ses membres poursuivent, au moins, l'allégement des charges fiscales et l'économie sur le temps gaspillé en recherches, en formalités, en procès. Les parlements répondront à la demande d'allègement : le budget de la guerre ne le permet pas. Plus les Congrès, organes au premier chef du progrès, montreront que la guerre est incompatible avec la prospérité des sociétés, non moins qu'avec la justice et la charité, plus l'opinion pésera sur les Gouvernements dans le sens de la paix.

L'économie sur le temps mal dépensé se heurtera contre la routine. Celle-ci sera vaincue au nom de l'intérêt moral et matériel de tous les hommes. Il est incontestable que le temps employé en travaux productifs accroît la richesse générale, que la richesse donne des loisirs aux hommes, que ces loisirs permettent la culture de l'âme, que cette culture est indispensable à l'humanité pour qu'elle accomplisse la destinée sublime à laquelle son créateur lui commande d'aspirer.

M. le Secrétaire rend compte des livres, documents et mémoires qui ont été adressés au Congrès par M. Harmand, Consul général de France à Calcutta; par le Gouverneur des Détroits (Singapour); par le Gouvernement égyptien; par la Direction des contributions directes au Ministère des finances; par MM. Oliver y Esteller, Sous-Directeur général au Ministère de la justice d'Espagne; Piat, ingénieur, Directeur du service topographique en Tunisie; de France de Tersant, Conservateur des hypothèques; Dain; Braine, notaire honoraire; Charles Cotard; Acquier, magistrat; Berthier, ancien magistrat; Preyssinaud, ancien magistrat; Gauzence de Lastours, Conservateur des hypothèques; Miguel de Bulhoes, de Lisbonne; Vladimir Pappafava, avocat à Zara (Dalmatie). Le Congrès est saisi en outre de deux propositions déposées, l'une par M. Flour de Saint-Genis, l'autre par M. Dansaert.

Sur l'invitation du Président, M. Dansaert indique dans quel esprit il soumet sa proposition au Congrès. Comme avocat et président du Crédit foncier de Bruxelles, il a depuis longtemps constaté les vices de la législation foncière en France et en Belgique et s'est convaincu de la nécessité d'une réforme par la création d'un livre foncier ayant pour base le cadastre : il est heureux de pouvoir provoquer, sur ses idées résumées en une série de formules, l'examen d'un Congrès international convoqué par le Gouvernement français. La réforme soulève à la fois de graves questions juridiques et, pour la revision du cadastre, des difficultés techniques; c'est une consultation qu'il demande sur ces deux points à des hommes compétents.

Le Congrès, après discussion, décide de se diviser en deux sections : section juridique et section technique, qui se réuniront chaque jour, à l'Hôtel des Sociétés savantes, la première à 2 heures, la seconde à 4 heures. Quelques membres avaient proposé d'intituler la première section : section juridique et économique ; il leur a été répondu que les sections auront toutes deux et au même titre à tenir compte des faits et lois économiques.

La séance est levée à 5 heures et demie.

SECTION JURIDIQUE.

Séance du vendredi 9 août.

La Section se réunit à 2 heures et procède à la constitution du bureau : sont nommés, M. Gonse, président; MM. Hubert-Brunard, délégué du gouvernement belge; Massigli, agrégé à la Faculté de droit de Paris, et Magné publiciste, secrétaires.

M. Gonse remercie la Section et indique qu'à son avis la Section a tout d'abord à répondre à la question suivante : les hypothèques de la femme mariée et du mineur, l'hypothèque judiciaire doivent-elles être maintenues telles qu'elles existent actuellement; faut-il au contraire les soumettre au principe de la publicité et de la spécialité ? C'est une question préalable à celle de l'établissement du livre foncier.

M. Boissonade fait connaître, à titre de renseignement, le régime hypothécaire du Japon : la femme mariée et le mineur ont une hypothèque légale, partant générale, mais elle doit être publiée et, par là même, l'inscription la spécialise sur les immeubles qui y sont désignés. L'hypothèque judiciaire n'existe pas; ne blesse-t-elle pas en effet la justice en rompant l'égalité entre les créanciers?

M. Dansaert rend compte de la réforme accomplie en Belgique, qui a appliqué aux hypothèques légales la publicité et la spécialité.

M. Lefebvre. Si le Congrès fait porter ses délibérations sur le régime hypothécaire, la besogne qu'il entreprendra sera non seulement difficile, mais impossible; en cette matière, il y a trop de divergences de vue, de complexité d'intérêts pour qu'il soit possible de mener à bien une réforme; on l'a bien vu pour la loi de 1889 sur la renonciation de la femme à son hypothèque, qui ne touchait cependant qu'à un point particulier.

M. Sanguet insiste en ce sens : depuis de longues années il se préoccupe de l'établissement du livre foncier; cette réforme sera bienfaisante même en dehors de toute réforme hypothécaire. Ce serait en compromettre la réalisation que de la lier à la réforme hypothécaire qui soulèvera contre elle les partisans nombreux et énergiques du Code civil : il faut rendre les deux questions indépendantes l'une de l'autre.

M. le Président. S'il y a des hypothèques occultes, le livre foncier ne fera plus connaître l'état exact de la propriété et n'aura plus qu'une valeur incomplète de renseignement : la réforme hypothécaire est donc bien une question préalable qu'on ne saurait réserver.

Cette opinion est appuyée par MM. Flour de Saint-Genis, Magné, Habert-Brunard, Chopin d'Arnouville, Dain; le maintien des hypothèques occultes et générales fausserait le livre foncier; on exagère les difficultés de la réforme hypothécaire; la Belgique l'a réalisée sans trop de peine.

La Section émet le vœu suivant :

« Toutes les hypothèques et tous les privilèges doivent sans exception être soumis au double principe de la publicité et de la spécialité. »

Sur l'observation de M. Duverger, appuyée par M. Boissonade, est ajoutée la réserve suivante :

« Est réservée la question de savoir si ce principe s'appliquera aux privilèges sur les meubles et sur les immeubles. »

En ce qui concerne la publicité des actes constitutifs ou translatifs de droits réels, la Section constate l'insuffisance de la législation française et vote le vœu suivant :

Le système de publicité doit être étendu aux actes déclaratifs et aux mutations par décès.

M. le Président met en discussion la question du système de publicité, publicité personnelle par inscription au nom du propriétaire ou publicité réelle par inscription prise sur l'immeuble lui-même, selon la désignation du plan et registre cadastral.

Après un échange d'observation entre M. Léon Michel, Hubert-Brunard, Dansaert, Sanguet et Piat, il est reconnu que le système de publicité réelle a théoriquement sur l'autre une supériorité incontestable, mais que, si son application est relativement facile dans les pays neufs, elle soulève de graves difficultés dans les pays où la propriété, anciennement constituée, est souvent constatée par des titres défectueux et se morcelle en parcelles d'une faible contenance et d'une configuration irrégulière; que la création du livre foncier implique au préalable une opération cadastrale permettant le rattachement exact de chaque immeuble à une triangulation générale; le cadastre actuel est-il suffisant ? S'il est nécessaire de le refaire, dans quelles conditions techniques et financières conviendrait-il de procéder à l'opération ? dans quelle mesure le morcellement y ferait-il obstacle ?

La section décide de renvoyer à l'examen de la section technique la question suivante :

« Rechercher les moyens les plus expéditifs et les moins coûteux pour établir des livres fonciers ayant pour base le cadastre et dont les inscriptions seraient susceptibles de servir de titres de propriété.

« Examiner notamment les points suivants :

« 1° Est-il indispensable de procéder à une opération d'ensemble qui comprendrait pour chaque portion du territoire la délimitation générale de tous les immeubles, le bornage, le lever topographique collectif et la constitution simultanée des titres?

« 2° Serait-il possible, une triangulation générale étant établie, d'exécuter les mêmes opérations, par immeubles séparés? »

La séance est levée à 4 heures et demie.

Séance du samedi 10 août.

La séance est ouverte à 1 heure et demie sous la présidence de M. Bois-
SONADE.

La question à l'ordre du jour est la suivante : l'inscription au livre foncier
doit-elle n'être qu'une mesure de publicité ou doit-elle constituer un acte de
l'autorité publique opérant par lui-même le transfert de la propriété (système
de la légalité)?

M. DE FRANCE DE TERSANT. Toutes les difficultés de la question immobilière
peuvent se résumer dans ces deux propositions : déterminer la propriété, conserver les effets de cette détermination.

La propriété doit être déterminée d'abord physiquement puis juridique-
ment; la détermination physique résulte de la reconnaissance des limites de
l'immeuble et de sa contenance; c'est l'objet du cadastre.

La détermination juridique doit faire connaître tous les droits qui existent
sur l'immeuble et en premier lieu le droit de propriété. A cet effet, un délai
sera imparti aux intéressés pour faire valoir les droits qu'ils prétendent sur
l'immeuble; le délai expiré, l'autorité compétente statue et toute prétention
qui n'aura pas été produite ni admise, sera définitivement irrecevable.

Les effets de ces deux opérations doivent être constatés dans un document
public, inattaquable; ce sera le titre de propriété.

Le titre une fois établi, il faudra le conserver d'après les mêmes règles.
Tout changement de forme, démembrement ou remembrement, doit être constaté sur place par les agents du cadastre et figuré sur le plan qui est partie
intégrante du titre.

Toute modication du droit de propriété, soit quant au titulaire, soit quant
à l'étendue, doit être notée sur le registre.

Toutes les inscriptions figurant au registre devront être reproduites par
mentions sur le titre, qui, toujours en concordance avec le registre, reste un
document unique, d'une lecture facile, reproduisant par le plan l'image matérielle de l'immeuble et, par de brèves mentions, son état juridique; il fait
foi entière de tous les droits qu'il constate.

M. de France termine en montrant qu'en France la publicité n'est qu'im-
parfaitement réalisée par la loi du 23 mars 1855.

M. Jules LEFEBVRE. A entendre le préopinant il semblerait que tout va mal
en cette matière. C'est une erreur. Il y a deux choses à voir : la désignation
du bien et la vérification du droit de propriété.

En ce qui concerne la désignation du bien, les notaires se servent souvent
et utilement du cadastre, surtout dans les communes où il a été revisé, comme
dans le Nord. Cette pratique, comme l'a demandé M. Braine, pourrait être
rendue obligatoire.

Les parties savent très bien par elles-mêmes et avec l'aide de leurs notaires
veiller à leurs intérêts et faire en sorte qu'il n'y ait ni erreur importante dans
la désignation ni vice ou irrégularité dans l'origine de la propriété. Et il sera
toujours plus aisé à tous les notaires de l'arrondissement de faire respective-
ment la vérification des titres de leurs clients, qu'à un fonctionnaire quel-
conque.

Si le Congrès demandait que le livre foncier eût force probante pour la transmission de la propriété foncière et la création de droits réels, il porterait atteinte aux principes substantiels du droit civil et à des institutions utiles et respectables; il substituerait à la liberté des conventions, dans un pays parfaitement civilisé, des dispositions qui ont été reconnues nécessaires dans les pays neufs.

Je propose donc, en mon nom personnel, ne représentant ici aucun groupe notarial, ni même la Chambre de Lille que je préside, que le Congrès se borne aux améliorations indiquées par lui jusqu'ici, à propos du cadastre et du livre foncier, en lui donnant la valeur de simple renseignement sans bouleverser notre législation.

M. Fravaton. Sans contester que MM. les notaires remplissent consciencieusement leur office, signale que, d'après la statistique officielle, 2,700 actions en revendication ont été intentés en 1887. Dans toute la région de l'Est, la transmission se fait le plus souvent par acte sous-seing privé et parfois entre parties qui savent à peine signer.

M. Dansaert. En décidant l'établissement du livre foncier, on a implicitement décidé résolu que la propriété se transfèrerait par l'immatriculation à ce livre, sinon, à quoi bon le livre foncier?

M. Duverger ne pense pas que les deux réformes, création de livres fonciers, système de la légalité, soient inséparables.

La première réforme, votée dans la séance d'hier, aurait une grande utilité, lors même que la seconde ne serait pas admise.

La tenue des registres par *noms de personnes* ne permet pas au conservateur de délivrer un certificat contenant le tableau complet des mentions relatives à tel immeuble; en effet, les personnes ayant des droits sur l'immeuble dont les noms ne lui ont pas été désignés, n'ont pu faire l'objet de ses recherches.

Au contraire, dans le registre tenu par désignation d'immeubles, le conservateur trouvera sur le feuillet réservé à tel immeuble toutes les mentions concernant cet immeuble.

Seulement ce progrès ne suffira pas pour donner la sécurité aux acquéreurs et aux créanciers hypothécaires, parce que la personne qui, d'après le feuillet, est le titulaire de la propriété, peut n'être pas le propriétaire.

Supposons l'obligation de faire transcrire étendue à l'héritier, supposons cette transcription faite, puis une aliénation ou des constitutions de droits réels consentis par cet héritier, tout à coup apparaît un parent plus proche. un légataire institué par testament découvert tardivement, un enfant naturel dont la reconnaissance était restée longtemps ignorée.

Ce nouveau venu est le propriétaire; dans le système français il revendiquera utilement son bien contre l'héritier apparent, contre les acquéreurs et les créanciers hypothécaires, tant que la prescription ne sera pas acquise.

Pour donner la sûreté à toutes ces personnes qui avaient publié leurs droits, il faut, et c'est extrêmement grave, exproprier l'héritier véritable, le légataire, l'enfant naturel, etc.

Cette expropriation résulterait de la mention sur le registre foncier; elle est motivée par l'intérêt général de la circulation des immeubles et du crédit foncier.

Elle n'est légitime que : 1° si elle est précédée du plus sérieux examen du titre présenté à l'inscription; 2° si l'exproprié est indemnisé de la perte de son droit par l'État, en cas d'insolvabilité du débiteur des dommages-intérêts; 3° si une peine est appliquée à la personne qui, connaissant le droit d'autrui, aura requis une inscription au mépris de ce droit.

M. Jules CHALLAMEL. Nous sommes tous d'accord sur la nécessité de la réforme hypothécaire et quant à moi, je voudrais la voir aboutir dans le plus bref délai. Jusqu'ici les résolutions prises me paraissent excellentes. Quant au système de la légalité, il me semble qu'il est de nature à la rendre d'une réalisation plus difficile.

La légalité est le dernier terme des systèmes *a priori* que nous voyons en Prusse et en Australie; je ne crois pas que les esprits en France y soient suffisamment préparés.

Pourquoi ne pas nous maintenir dans les lignes de la législation qui nous régit? La loi du 23 mars 1855, dans tout ce qu'elle prescrit, est excellente, il ne faut que la compléter. Si nous disions que tous actes, jugements ou dévolutions d'hérédité testamentaire ou ab intestat ne seront opposables aux tiers qui ont des droits inscrits sur l'immeuble qu'après avoir été inscrits sur le livre foncier, n'aurions nous pas dit tout ce que nous avons à dire? Que ferait-on de plus avec la légalité? Les tiers de bonne foi qui auront traité avec le titulaire inscrit ne seront-ils pas, d'une manière absolue, à l'abri de toute éviction?

En résumé, j'exprime le vœu que le Congrès se borne à ce qui est nécessaire pour arriver au but que nous désirons atteindre et qu'il procède à la réforme en prenant pour point de départ ce qui est bon dans notre législation, et ce qu'il suffirait de pousser en avant dans le sens de son développement historique.

M. DUVERGER. Je suis heureux de me rencontrer avec mon savant collègue sur la légitimité du nouveau principe. M. Challamel ne conteste que l'opportunité du vœu. Il pense qu'il faut se borner aujourd'hui à demander la création du livre foncier, que, lorsque cette pratique nouvelle sera entrée dans les mœurs, on pourra sans danger faire un pas de plus en consacrant la légalité; il rappelle qu'il a fallu un demi-siècle pour obtenir la loi de 1855, qu'aujourd'hui la magistrature et le barreau n'accepteraient pas le nouveau principe.

Je rappellerai, à mon tour, que la France vivait sous le régime des mutations occultes, sous le régime de l'hypothèque occulte et générale, lorsque la loi du 11 brumaire an VII a placé tout à coup le pays sous l'empire de la publicité et de la spécialité.

Mais admettons que le législateur soit effrayé par la brusque intrusion du principe de légalité, il sera le maître de différer cette innovation; il pourra, par prudence, ne consacrer, quant à présent, que la création des livres fonciers.

Le rôle du Congrès n'est pas celui du législateur. Le gouvernement français nous a demandé quel est le meilleur système de transmission de la propriété foncière. Nous devons répondre à cette question par une consultation complète.

On nous a dit : la magistrature est contraire, actuellement du moins, à l'*act Torrens*! Mais la magistrature ne peut pas oublier qu'elle juge nécessaire de protéger les tiers acquéreurs de bonne foi par la validité des ventes faites par l'héritier apparent.

M. le Président trouve touchant d'entendre le doyen de l'assemblée exprimer les idées les plus jeunes et déclare la discussion close.

La proposition suivante est mise aux voix et adoptée à la majorité de onze voix :

L'inscription au livre foncier constitue le titre irrévocable du droit, manifesté par l'inscription, à l'égard de toute personne autre que les parties contractantes.

Est ensuite mise en discussion la question de savoir s'il faut admettre une exception pour les cas de fraude, d'incapacité de vice du consentement.

M. Dain se prononce pour l'annulation si le vendeur et l'acheteur ont été de mauvaise foi et que ce dernier soit encore en possession ; dans ce cas, la sécurité de la propriété, du crédit immobilier n'est plus en cause.

M. Dansaert. Il ne faut pas porter atteinte à la valeur du titre ; le titre n'est plus inébranlable ; avec l'éventualité d'un procès, le crédit n'ira plus au titulaire.

M. Duverger. L'exception contre l'auteur de la fraude est fondée sur le premier principe du droit, sur la justice.

Il suffit, pour atteindre le but légitime de la légalité, que les sous-acquéreurs et les créanciers hypothécaires de bonne foi soient maintenus dans leur acquisition ou dans leur hypothèque, même contre la victime de la fraude. En matière de meubles, la maxime : en fait de meubles possession vaut titre, ne protège que les possesseurs de bonne foi.

A la majorité de neuf voix est adoptée la proposition suivante :

Toute inscription obtenue par fraude sera annulable à l'encontre du titulaire de mauvaise foi seulement et sous réserve des droits des tiers de bonne foi.

La séance est levée à 5 heures et demie.

Séance du 12 août 1889.

La séance est ouverte à 1 heure et demie sous la présidence de M. Boissonnade.

L'ordre du jour appelle la discussion de savoir à quelles autorités sera confié le soin de procéder à l'immatriculation ou inscription sur le livre foncier.

M. Fravaton, distinguant les deux opérations — l'immatriculation du propriétaire actuel, acte de naissance de la parcelle — inscription ou transcription des conventions postérieures qui affecteront la propriété immatriculée, développe les propositions suivantes :

1° L'immatriculation des propriétés sur le livre foncier ne pourra être opérée qu'en vertu d'une décision judiciaire (ordonnance ou jugement) suivant une procédure rapide et économique.

2° Toute mention de transfert ou d'inscription, postérieure à l'immatriculation ne pourra être inscrite sur le livre foncier qu'en vertu d'un acte authentique et sous le contrôle du conservateur; en cas d'opposition, il sera statué par le juge.

M. Choppin d'Arnouville accepte dans son ensemble le système qui vient d'être exposé; il en rapproche le système organisé par la loi tunisienne de 1885 et par une loi du 9 mars 1875 dans le canton de Fribourg. Il estime cependant que, pour les parcelles ne dépassant pas une certaine contenance, les contestations pourraient être portées devant le juge de paix siégeant avec l'assistance de propriétaires de la commune.

M. Dain fait connaître la solution admise par la commission qui a préparé le projet de loi relatif au régime de la propriété foncière en Algérie. La réquisition par acte notarié à fin d'immatriculation reçoit une large publicité collective et individuelle (notification aux créanciers à hypothèque légale, etc.). Pendant un certain délai, les intéressés sont ainsi mis en demeure de produire leurs réclamations. En cas d'opposition, les contestations sont jugées suivant la procédure et par la juridiction ordinaire; à défaut d'opposition, l'immatriculation est opérée à l'expiration du délai par le fonctionnaire administratif, sans intervention de justice; elle n'aurait, en ce cas, aucune utilité et serait une cause de lenteur et de frais.

M. Dansaert. L'immatriculation doit être précédée d'une série de formalités propres à contrôler l'existence du droit de propriété et à sauvegarder les droits des tiers; il faut provoquer les oppositions, faire une sorte d'enquête *de commodo et incommodo;* c'est ainsi qu'on procède pour les marques de fabrique en Angleterre et en Allemagne. Si des oppositions se produisent, il faut saisir une juridiction contentieuse, mais ce devrait être non la juridiction ordinaire, mais une juridiction paternelle : un magistrat, assisté de propriétaires fonciers de la commune et d'un agent de l'État, présenterait toute garantie eu égard à la nature des contestations et à la nécessité de terminer autant que possible le litige par des transactions; ce serait une juridiction locale, peu coûteuse, d'ailleurs transitoire, puisqu'elle ne fonctionnerait que pendant la période d'immatriculation.

MM. Duverger et Boissonade insistent pour l'adoption de la proposition de M. Fravaton. Dans une matière où l'on peut arriver à l'expropriation des droits individuels, il faut suivre les précédents de l'expropriation pour cause d'utilité publique; une décision préalable de l'autorité judiciaire est indispensable.

M. Dain présente la proposition suivante, qui est adoptée à la majorité de trois voix :

«Pour sauvegarder les droits des tiers, l'immatriculation sera précédée d'une large publicité et placée sous la garantie de l'autorité judiciaire.»

M. Magné s'élève contre l'intervention obligatoire des notaires dans la procédure d'immatriculation ou d'inscription; il résume le système de l'*act Torrens* et montre que, dans aucune des colonies anglaises, le notaire n'a à intervenir; le contrôle du fonctionnaire est autrement efficace et économique.

Quelques membres parlent en ce sens : ils craignent que l'augmentation des frais résultant de l'authenticité des actes à produire ne soit de nature à compromettre la réforme.

Il leur est répondu par MM. Dain, Dansaert et Léon Michel : de toute nécessité, l'identité des requérants doit être constatée. Comment pourrait-elle l'être en connaissance de cause par le fonctionnaire? On sait ce que valent en pareille matière les témoins. Il serait bien imprudent de ne pas utiliser l'institution du notariat, qui a fait ses preuves, et qui donne la meilleure des garanties, celle de la responsabilité pécuniaire.

A la majorité de 13 voix, la Section adopte la proposition suivante :

« Aucune mention ou inscription ne peut avoir lieu sur le registre foncier, si ce n'est en vertu de titres authentiques. Les procurations conférées à l'effet de constituer des droits réels devront être authentiques. »

La séance est levée à 5 heures.

SECTION TECHNIQUE.

Séance du 9 août 1885.

La séance s'ouvre à 4 heures du soir, sous la présidence de M. Duverger.

La section constitue son bureau en choisissant comme Président M. Piat, ingénieur, chef du service topographique en Tunisie, et comme Secrétaires MM. de France, conservateur des hypothèques, et Sanguet, géomètre, directeur du journal la *Réforme cadastrale*.

Le Président et les Secrétaires prennent place au bureau.

Le Président donne lecture des questions posées par l'assemblée générale du Congrès à la section technique.

M. Sanguet expose que l'immatriculation séparée des immeubles, dont la contenance descend en France pour la petite propriété à une moyenne de vingt ares, conduirait à une confusion inextricable et même à une imposibilité absolue. En effet, les opérations topographiques nécessaires pour permettre l'établissement des plans de l'une de ces petites propriétés, sont à peu près les mêmes que pour exécuter le lever complet de toutes les parcelles de la contrée. La dépense considérable qui en résulte pour le lever de la première propriété, serait à refaire entièrement pour le lever de la seconde et de toutes les suivantes. L'immatriculation d'immeubles isolés conduirait donc à une augmentation exorbitante de dépenses. Aussi la dépense de 300 millions, à laquelle on évalue les frais de réfection d'ensemble du cadastre, serait augmentée dans des proportions énormes, si l'on procédait par opérations isolées.

M. Mingasson fait remarquer que le chiffre de 300 millions serait dépassé par la dépense de la réfection intégrale du cadastre.

Ce chiffre a été établi, en supposant le lever des limites des corps d'immeubles appartenant chacun à un même propriétaire; mais chacun de ces corps d'immeubles peut comprendre un certain nombre de parcelles cadastrales, différant par les natures de culture, et qui devraient être délimitées entre elles pour le rétablissement du cadastre.

Le Président fait observer que le Congrès vise uniquement l'établissement du livre foncier et que la section n'a pas à s'occuper des dépenses supplémentaires qui seraient nécessaires au point de vue fiscal, ainsi que le fait justement remarquer M. Mingasson.

M. Sanguet, reprenant son argumentation, rappelle qu'on a évalué à 2 ou 3 p. 100 de la valeur vénale des immeubles, les dépenses d'immatriculation individuelle. Puisque la propriété en France vaut à peu près 100 milliards, c'est 2 ou 3 milliards que coûterait l'immatriculation individuelle, au lieu de 300 millions pour l'opération d'ensemble.

M. Dain, contestant cette évaluation, M. Sanguet invoque l'exemple de la

Tunisie et, après un échange d'observations entre MM. DE FRANCE et Léon MICHEL, il est reconnu que le chiffre des dépenses en centièmes de la valeur varie considérablement suivant l'étendue des immeubles.

M. SANGUET. En admettant même que la question des dépenses ne doive pas faire écarter immédiatement les immatriculations isolées, on rencontrerait une impossibilité matérielle ; les plans des parcelles voisines, levés isolément et à des époques différentes, se trouveraient en contradiction, ou tout au moins présenteraient des désaccords de nature à enlever toute sécurité aux titres établis sur de telles bases. Tous les géomètres sont d'accord sur ce point, et l'assemblée des géomètres de France a déjà produit une déclaration très nette à ce sujet.

Un troisième motif rend inapplicable le système des immatriculations isolées. Les titres actuels indiquent ordinairement une contenance enflée, de telle sorte que le total des contenances prétendues, en vertu des titres, pour tous les propriétaires d'une section enfermée dans des limites naturelles, sera presque toujours notablement supérieur à la superficie réelle de cette section. Si l'on exécute une opération d'ensemble, les déficits de contenance peuvent se répartir proportionnellement. Mais si l'on immatricule d'abord les premiers immeubles avec leurs contenances prétendues, le déficit se reportera de proche en proche, à mesure des immatriculations successives, sur les propriétés non immatriculées. Les dernières de celles-ci pourront alors se trouver considérablement réduites, ou même disparaître complètement.

Puisque les opérations isolées sont impossibles, il faut opérer par masses pour refaire le cadastre qui ne peut être utilisé.

Sur une observation de M. BRUNARD, M. SANGUET reconnaît que le mal est beaucoup moins grand en Belgique, où le cadastre actuel pourrait être utilisé.

M. SANGUET, indique comme moyen de parvenir à la réfection du cadastre la constitution, dans chaque commune, de syndicats autorisés sous le régime de la loi de 1865. La valeur des immeubles d'une même commune varie souvent en raison inverse du morcellement ; l'immatriculation peut être demandée immédiatement pour les propriétés de faible étendue voisines du village, tandis que des propriétés de plus d'étendue et de moins de valeur, situées loin des centres, peuvent attendre plus longtemps. L'initiative des syndicats donnerait satisfaction à ces besoins divers.

Ce syndicat serait obligatoire pour les propriétaires récalcitrants des sections syndiquées, à la majorité.

M. MAGNÉ proteste contre cette conception d'une majorité de propriétaires imposant sa volonté à la minorité.

LE PRÉSIDENT fait observer que cette question est plutôt juridique et ne peut être traitée isolément par la Section.

M. SANGUET. Quant aux parties du territoire non syndiquées, elles peuvent être délimitées d'office, et la délimitation ainsi effectuée devient définitive après un certain délai.

Ainsi l'immatriculation aurait lieu immédiatement pour tous les immeubles syndiqués, et après un délai à déterminer pour les immeubles immatriculés d'office.

M. Dain fait remarquer que, d'après le système de M. Sanguet, l'immatriculation est obligatoire pour tout le monde.

M. Piat déclare qu'il a des réserves à faire sur une partie de l'argumentation de M. Sanguet. Au début de la prochaine séance, il quittera quelques
instants la présidence pour présenter ses observations.

La séance est levée à 6 heures et demie du soir.

Séance du 10 Août 1885.

La séance est ouverte à 5 heures de l'après-midi sous la présidence de
M. Piat.

Le procès-verbal de la précédente séance est lu et adopté.

M. Piat prie M. Léon Michel de prendre la présidence pendant qu'il pré-
sentera les observations qu'il a annoncées la veille.

M. Piat croit, comme M. Sanguet, que les dépenses seront très notablement
supérieures, dans le cas des immatriculations isolées, à ce qu'elles seraient
pour une opération d'ensemble. Il admet aussi que le nombre des contestations soulevées dans une même section par un bornage séparé, sera sensible-
ment équivalent à celui des litiges soulevés par une opération d'ensemble.
Mais il n'admet pas l'impossibilité de rattacher ensemble, au moyen d'une
triangulation générale, des plans levés isolément par une méthode uniforme et
sous une direction active.

L'orateur admet l'existence d'une triangulation générale à un point par
lieue carrée, soit des triangles de 1,000 à 1,500 hectares en moyenne. Pour
rattacher une petite parcelle (quelques ares par exemple) à une semblable
triangulation, il faut d'abord exécuter une triangulation subsidiaire de
dix points environ (triangles de 100 à 150 hectares), puis rattacher la parcelle à deux ou trois de ces points. D'après les tarifs en vigueur en Tunisie,
ces opérations coûteraient environ 150 francs pour la triangulation subsidiaire et 20 francs pour le rattachement.

Cette dépense étant exagérée pour une petite parcelle de peu de valeur,
M. Piat croit possible de lever isolément le plan de la parcelle, de manière à
déterminer son périmètre et sa contenance et de laisser provisoirement de
côté le placement exact de la parcelle par rapport à la grande triangulation.

C'est ainsi qu'il opère en Tunisie, où l'immatriculation est facultative.

Quand les parcelles ainsi levées isolément se multiplient dans une région,
on exécute leur attachement d'ensemble au moyen de la triangulation subsidiaire, de manière que le surplus du remplissage puisse se faire sans difficultés
au fur et à mesure des immatriculations.

M. Sanguet fait observer que cette méthode peut être excellente en Tunisie,
où les propriétés ont de grandes étendues et sont connues par leur nom. Mais
il est impossible de l'appliquer en France, car la parcelle n'étant pas localisée,
il serait impossible de s'assurer de son identité au milieu d'une foule d'autres
parcelles plus ou moins semblables.

M. Dain propose de supposer la triangulation subsidiaire exécutée à l'avance en même temps que la triangulation générale.

M. Sanguet dit que même alors l'opération est impossible. En effet, lorsqu'un premier géomètre aura calculé la position de la première parcelle après compensation des erreurs tolérables, un second géomètre qui exécutera le rattachement d'une autre parcelle ou qui recommencera les mêmes opérations trouvera presque toujours pour un point déjà déterminé une position différente de la première. Si l'erreur est dans les limites de la tolérance, les deux résultats sont également admissibles, et la même parcelle prend deux positions différentes. Avec la tolérance de $\frac{1}{1000}$, les opérations s'étendant entre deux points distants de 1,500 mètres et la parcelle se trouvant, par exemple, au milieu de cette distance, le déplacement peut atteindre o m. 75.

M. Piat répond que la tolérance de $\frac{1}{1000}$ s'applique aussi bien au lever d'ensemble de tous les immeubles de la section, qu'au lever isolé des parcelles. Dès lors, pour une parcelle située à égale distance des deux points de rattachement, les résultats de deux opérations différentes peuvent toujours présenter un écart de o m. 75, aussi bien dans le cas du lever d'ensemble que dans celui du lever isolé. Mais la position donnée à la parcelle, à la suite de la première opération, et dans la limite des erreurs tolérables, doit être considérée comme définitive, c'est-à-dire que si le vérificateur ou si un second géomètre trouve sur un point une différence comprise dans la limite des tolérances, c'est le premier résultat qui reste admis, définitivement et sans modification.

Ainsi le résultat vérifié du lever de la première parcelle reste définitif, son emplacement ne peut plus varier. Lorsqu'on viendra exécuter dans la même région le lever d'une seconde parcelle, les opérations seront rattachées alors, non pas seulement à deux ou à trois points trigonométriques, mais aussi aux points invariablement fixés du premier lever : les compensations seront faites, dans les limites des tolérances, pour accorder les opérations du second lever non seulement avec les données de la triangulation, mais encore avec celles qui résultent du premier lever.

Chacune des opérations successives sera donc rattachée et accordée avec les précédentes. C'est ainsi que le service topographique opère en Tunisie.

M. Sanguet répond qu'au point de vue purement topographique les arguments de M. Piat semblent probants. Mais chaque parcelle doit être placée, non seulement de manière à cadrer dans la triangulation, mais aussi de manière à réserver à chacun des voisins et arrière-voisins la contenance à laquelle il a droit. Si l'on opère l'immatriculation d'une parcelle avec sa contenance prétendue, les voisins qui auront laissé passer ce bornage, venant à faire borner aussi leur propriété, le feront aussi sur leur contenance prétendue. Les opérations s'étendant de proche en proche, chacun prenant toujours sa contenance enflée, il arrivera un moment où certaines propriétés auront complétement disparu, et il faudra remettre en question tout ce qui aura déjà été fait dans la section.

M. Dain répond que, dans le cas de l'immatriculation isolée des immeubles, l'abornement est fait contradictoirement avec tous les voisins; ceux-ci peuvent défendre leurs droits. Si, par suite de bornages successifs d'immeubles voisins, un propriétaire entouré de parcelles immatriculées, s'aperçoit qu'il n'a pas la contenance à laquelle il croit avoir droit, il supportera définitivement cette lésion sans pouvoir prétendre la faire répartir entre ses voisins, puisque sa propriété se trouvera délimitée sur toutes ses faces par un bornage contradictoire devenu définitif par convention ou jugement.

M. Dansaert croit que l'assemblée est suffisamment éclairée par la discussion qui vient d'avoir lieu et demande que la question suivante soit posée à la section :

« Est-il techniquement et professionnellement possible, une triangulation suffisante ayant été exécutée au préalable, d'immatriculer contradictoirement sur les livres fonciers les parcelles de propriété du territoire d'un pays, surtout quand dans ce pays il existe déjà un cadastre, et ce, au fur et à mesure de la mutation de ces parcelles? »

Le vote de la question de M. Dansaert ayant lieu par oui et par non, l'affirmative est adoptée par tous les membres présents, à l'exception de MM. Duverger, Sanguet, F.-J. Daniel et Coutureau qui déclarent s'abstenir.

La séance est levée à 6 heures et demie du soir.

Séance du 11 août 1889.

La séance est ouverte à 4 heures de l'après-midi sous la présidence de M. Piat.

Le procès-verbal de la précédente séance est lu et adopté.

La Section passe à l'examen des rapports, mémoires et documents adressés au Congrès et concernant la partie technique.

M. Michel résume les mémoires de MM. Freyssinaud, Huvier, Saint-Paul et Rebreyend. M. Piat analyse la note qu'il a rédigée.

M. Sanguet fait remarquer qu'il existe une certaine concordance entre les évaluations de M. Piat et celles de M. Rebreyend, dont le résultat cadre d'ailleurs avec une estimation qu'il a établie lui-même. Sur un seul point on remarque un écart très considérable. M. Rebreyend évalue le coût de l'abornement général à 218 millions, alors que M. Piat le compte pour 93 millions seulement. L'écart peut être dû en grande partie à ce que M. Rebreyend suppose la plantation de bornes à tous les sommets de périmètre d'immeubles, tandis que M. Piat place seulement un certain nombre de bornes publiques, suffisant pour le rétablissement des limites, ainsi que M. Sanguet lui-même l'a démontré précédemment.

M. Piat reconnaît que cette considération ne suffirait pas à expliquer un écart aussi considérable : les évaluations n'étaient pas sur ce point comme sur les autres, basées sur l'expérience acquise en Tunisie, où les bornages ont lieu dans des conditions toutes différentes. Il est disposé à augmenter considérablement son chiffre; il croit qu'une somme de 180 millions serait assez rapprochée de la dépense réelle.

Rapprochant ensuite le surplus des évaluations de M. Rebreyend des siennes propres, il établit ainsi qu'il suit l'estimation des dépenses qu'il soumet à la Section :

Délimitation et bornage	180,000,000
Arpentage (payé à la tâche)	184,000,000
Triangulation générale et subsidiaire	42,000,000
Traitement des chefs de service départementaux pendant 20 ans.	22,000,000
Traitement des vérificateurs	13,000,000
Copies, rédactions des plans, calculs des contenances, etc	20,000,000
TOTAL	461,000,000

Il laisse de côté la rédaction des matrices fiscales, qui n'intéresse pas l'établissement du livre foncier.

Il fait remarquer que les dépenses ayant un caractère local (délimitation et arpentage) s'élèvent à 364 millions, soit 7 fr. 28 par hectare, dépense qui serait amortie par une annuité de 0 fr. 80 par hectare et par an, pendant 10 ans; les dépenses ayant un caractère général (triangulation et frais généraux), montent à 97 millions, soit une annuité de 5 millions pendant 20 ans. Il lui paraît possible que l'État prenne à sa charge cette dernière annuité, les groupes locaux, syndicats, communes ou départements supportant, soit la dépense directement, soit l'amortissement d'un emprunt spécial.

M. Sanguet tient à faire remarquer à quel chiffre atteint l'évaluation des dépenses, dans le cas des immatriculations isolées. En prenant les chiffres qui résultent des statistiques tunisiennes pour le minimum de dépense relative à une parcelle, on arrive à 18 milliards : ce chiffre serait réduit à la moitié, par suite de l'utilisation successive des opérations déjà exécutées pour des immatriculations antérieures. Ce chiffre comprendrait toutes les dépenses d'immatriculation.

Si l'on veut évaluer les simples dépenses topographiques, on peut appliquer le tarif de la Société des géomètres de Melun. On arrive à 1,800,000 francs.

La Section prend acte de ces communications et décide qu'elles seront reproduites dans le rapport à l'assemblée générale du Congrès, sur les travaux de la Section.

La séance est levée à 7 heures du soir.

ASSEMBLÉE GÉNÉRALE.

Séance du mardi 13 août.

Les deux Sections se réunissent à 1 heure et demie sous la présidence de M. Duverger.

Le Président met en discussion la question suivante :

« La personne expropriée par l'effet de l'immatriculation doit-elle avoir un recours contre l'État ? »

M. Magné. Il est nécessaire de constituer, pour indemniser les ayants droit lésés, un fonds de garantie, nul ne le conteste; mais l'expérience des pays où il est en usage prouve qu'il suffit. Laissons l'État en dehors de tout cautionnement. Ne risquons pas qu'on nous accuse de faire du socialisme d'État.

M. Choppin d'Arnouville pense également que l'État n'a pas à intervenir au profit d'intérêts privés. Pourquoi ne pas créer une caisse spéciale, administrée par un de nos grands établissements publics; la Banque, le Crédit foncier, la Caisse des dépôts.

M. Boissonade se prononce dans le même sens : l'État ne peut être responsable dans tous les cas où, par l'effet d'une loi, il met en contact ou en conflit l'intérêt public et les intérêts privés.

M. Dansaert : Si nous voulons une stabilité absolue, un crédit ferme, il faut proclamer l'honorabilité du système. S'il y a des responsabilités, que nul ne s'y dérobe. Il ne faut pas marchander au propriétaire dépossédé, l'indemnité qui lui est due. On doit, qu'on paye. La loi procède dans un intérêt général ; il y a échange de services; que l'État accepte la pleine responsabilité de la mesure qu'il édicte.

MM. Fravaton et Sanguet parlent dans le même sens.

La responsabilité de l'État étant admise à la majorité de dix voix, le Congrès discute le mode de constitution et de fonctionnement du fonds de garantie.

Après discussion, il est admis que le fonds de garantie doit être constitué à l'aide d'une taxe perçue à chaque immatriculation, que cette taxe a le caractère, non d'une prime d'assurance, mais d'un impôt, et qu'en conséquence elle tombe dans les caisses de l'État, sans que les propriétaires immatriculés puissent en aucun cas en réclamer l'excédent.

La discussion étant close, le Congrès vote les propositions suivantes :

« Pour assurer l'exécution du système de la légalité en matière de droits réels immobiliers, il est nécessaire de constituer un fonds ou caisse de garantie. »

« Le fonds de garantie est constitué à l'aide d'une taxe d'immatriculation non susceptible de recouvrement. »

« L'État est responsable de l'indemnité qui peut être due à la personne lésée, en cas d'insolvabilité du débiteur et d'insuffisance du fonds de garantie.

L'État conserve son recours contre la personne à la décharge de laquelle il a payé. »

Le Congrès discute ensuite la question suivante :

« Une peine sera-t-elle édictée contre celui qui aura acquis frauduleusement une immatriculation à son profit? »

M. Bufnoir demande si l'on punira le concert frauduleux ou simplement l'immatriculation trop hâtive, trop téméraire. Il insiste sur la nécessité de préciser avec beaucoup de prudence et de ne point incriminer le seul fait d'avoir fait usage mal à propos d'une loi nouvelle, dont les combinaisons peuvent être mal comprises : il faut un concert de manœuvres pour caractériser ce qui serait l'*escroquerie foncière*.

La proposition suivante est adoptée à l'unanimité moins une voix :

« Une peine sera édictée contre quiconque aura obtenu ou procuré une immatriculation par des manœuvres frauduleuses. »

Le Président met en discussion la question de savoir si l'immatriculation sera obligatoire ou facultative.

Il est admis sans contestation, qu'au cas où l'État ferait les frais de toutes les opérations, l'immatriculation devrait être obligatoire. La difficulté ne peut s'élever que s'il y est procédé à une délimitation isolée, aux frais des propriétaires.

M. de France est partisan de l'obligation : le dualisme entraîne fatalement un trouble inacceptable. Les pays qui ont essayé du régime facultatif ont tous réclamé l'obligation. Il faut veiller aux intérêts de la petite propriété et faire d'office pour elle ce qu'elle est impuissante à réaliser.

M. Fravaton développe un système transactionnel, dans lequel l'obligation s'échelonne par périodes : obligation pour les propriétés de mainmorte, biens de l'État, communes, départements, établissements publics; puis obligation à chaque mutation à titre onéreux; enfin à chaque mutation à titre gratuit (donations, successions).

M. Dain est partisan du régime facultatif, tout au moins à titre transitoire.

M. Gonse : Décréter l'obligation, ce serait déchaîner à bref délai une révolution agraire; la petite propriété n'a pas les moyens de faire les frais de l'immatriculation.

Le Congrès vote les propositions suivantes :

I

« La réfection du cadastre sera effectuée à bref délai aux frais de l'État ».

II

« Dans le cas de la réfection du cadastre, il sera procédé simultanément à la confection des livres fonciers et à la réforme hypothécaire; l'immatriculation des immeubles sera obligatoire ».

III

« Dans le cas où l'État ne pourrait se charger de tous les frais de l'opération ni de ceux de l'établissement du livre foncier, il y aura lieu de répartir la dépense comme suit :

1° Triangulation et frais généraux à la charge de l'État;

2° Délimitation, abonnement et arpentage à la charge des particuliers, communes ou départements».

IV

«Dans le cas où la réfection du cadastre serait ajournée, il sera procédé à la réforme hypothécaire et à l'établissement des livres fonciers après une triangulation faite aux frais de l'Etat».

«A partir de la promulgation de la loi, l'immatriculation sera facultative pour les propriétaires».

La séance est levée à 6 heures un quart. Il est décidé que le Congrès tiendra le lendemain deux séances, l'une à 9 heures du matin, l'autre à 2 heures et demie.

***

Séance du 14 août,

La séance est ouverte sous la présidence de M. Duverger.

Après un échange d'observations entre MM. Dain, Flour de Saint-Genis, Sanguet et Léon Michel, la question à discuter est ainsi formulée : Le titre de propriété doit-il être un titre nominatif cessible par transfert, ou un titre négociable, à ordre ou au porteur, cessible par endossement ou par tradition?

MM. Massigli, Boissonade et Choppin d'Arnouville soutiennent que la cession du titre par simple endossement ou par tradition, est incompatible avec le principe de publicité et les votes précédemment émis.

MM. Rondel et Léon Michel estiment que la constitution du titre, sous forme d'un titre négociable, se concilie avec les principes juridiques adoptés, et ce dernier ajoute que si, à son sens, la mobilisation de la propriété foncière doit être énergiquement condamnée, ce n'est uniquement que par des raisons économiques.

M. Magné présente le résumé analytique de la législation de l'Australie en matière de cession.

La proposition suivante est adoptée :

«L'immatriculation sera constatée par un certificat ou titre remis au propriétaire, et la cession de la propriété à un tiers sera constatée par un acte authentique de transfert.

«Le certificat ou titre devra être tenu au courant de toutes les inscriptions portées au registre foncier.»

M. Rondel montre la différence qu'il convient de faire, en cette matière, entre la propriété et l'hypothèque, il admet que la mobilisation de la propriété ne répond à aucun besoin pratique et serait dangereuse; il en est autrement de la mobilisation du titre hypothécaire qui a une échéance fixe et qu'on peut assimiler à un effet de commerce. Autant il importe d'entourer de garanties la création du titre hypothécaire, autant il convient d'en faciliter la circulation ; l'évolution du titre foncier vers le type mobilier s'accentue sous la forme de titres négociables, le crédit hypothécaire aujourd'hui frappé d'une dépréciation peu justiciable, égalera, s'il ne le dépasse en puissance, le crédit mobilier. La réforme permettrait également au propriétaire de diviser son emprunt en coupures, en une série de titres numérotés qu'il émettrait selon ses besoins et l'état du marché. C'est, du reste, ce qu'avait essayé d'organiser la loi de messidor an III.

MM. Boissonade et Dansaert s'élèvent contre la mobilisation du titre hypothécaire : elle serait destructive du principe de publicité ; loin de permettre la cession, par simple endossement, ou par tradition, la législation devrait exiger, pour chaque transmission, des formalités d'authenticité et de publicité. M. Dansaert cite l'exemple de la Belgique. En 1872, lors de la réfection du Code de commerce, une lettre de change, que l'hypothèque garantissait, se transmettait avec la lettre de change elle-même, par simple endossement. Les inconvénients et les désordres de cette pratique furent tels que, sur les réclamations unanimes des chambres de notaires, des praticiens et des banquiers, la législation fut modifiée par une loi du 2 juillet 1889 qui, même en matière de lettres de change, exige des formalités de publicité et de notifications pour la cession de l'hypothèque.

Après un échange d'observations entre MM. Rondel, Boissonade, Dansaert, Choppin d'Arnouville et Léon Michel, la proposition suivante est adoptée :

« Toute cession d'hypothèque, faite autrement que par acte authentique, ne peut être inscrite sur le registre foncier que si elle a été notifiée au conservateur des hypothèques, à l'effet de devenir opposable aux tiers. »

Deuxième séance du 14 août.

Le Congrès, réuni à 2 heures et demie, sous la présidence de M. Duverger, procède à la revision des vœux émis dans les précédentes séances.

Le texte des propositions définitivement adoptées, après discussion, est celui qui a été reproduit dans les précédents procès-verbaux.

M. Dansaert a la parole pour une motion d'ordre ; il est frapppé de l'importance des décisions adoptées. Leur application pratique comporterait un examen approfondi et de nouvelles discussions. Le Congrès n'a pu qu'exprimer des vues d'ensemble et poser des principes généraux ; encore n'a-t-il pu parcourir tout entier le vaste programme qui lui était tracé. Dans ces conditions, n'y aurait-il pas lieu de nommer une Commission ? Cette Commission, munie de tous les éléments possibles d'informations et s'inspirant des principes adoptés, formulerait un projet qui serait soumis au Congrés dans une nouvelle session qui se tiendrait à une date aussi rapprochée que les circonstances le permettraient.

En terminant, M. Dansaert croit se faire l'interprète de tous les membres du Congrès en remerciant le Bureau et en particulier son vénérable Président. M. Duverger a dirigé les travaux et les discussions avec la haute autorité que lui donnaient sa situation et son expérience ; il les a éclairés de sa science et lui, le doyen, a montré aux plus jeunes le bel et touchant exemple d'un esprit et d'un cœur dont l'amour du travail, le dévouement à la science et aux intérêts de l'humanité ont conservé toute la verdeur et l'ardente générosité.

La proposition de M. Dansaert est adoptée ; la Commission se compose de MM. Duverger, Duplan, Gonse, Léon Michel, membres du bureau du Comité d'organisation, de MM. Dain, Dansaert, Challamel, Flour de Saint-Genis, Fravaton, Massigli, Piat, membres élus.

Le bureau est chargé, dès que la Commission aura terminé ses travaux, de convoquer le Congrès.

M. le Président, en prononçant la clôture de la session, félicite le Congrès d'avoir accompli sa tâche, d'avoir formulé des vœux qui, traduits en lois, donneront satisfaction à l'utilité et à la justice. L'utilité sera obtenue par l'immatriculation du droit à l'immeuble sur les registres fonciers, tenus par désignation des biens, reliés étroitement au cadastre ; l'immatriculation procurera une entière sécurité au titulaire et à ses ayants cause ; le bien circulera facilement, il arrivera vite aux mains de celui qui en tirera le meilleur profit ; le possesseur, grâce à la bonne organisation du crédit, fécondera l'immeuble et s'y attachera.

La justice n'en souffrira pas. Si, malgré l'intervention des juges ordinaires, malgré la menace d'une peine applicable aux manœuvres frauduleuses, un droit est méconnu lors de l'immatriculation, la personne lésée sera garantie du préjudice, subsidiairement, par l'État.

M. Duverger remercie, au nom de ses compatriotes, MM. les délégués des gouvernements étrangers et MM. les étrangers de leur concours si cordial, si savant, si utile.

Au nom du Congrès, il remercie M. Léon Michel qui, après avoir préparé le travail du Congrès, a beaucoup facilité l'accomplissement de la tâche entreprise.

Au nom du bureau, il exprime la vive gratitude que les paroles si flatteuses de M. Dansaert inspirent à ses collègues et à lui.

Personnellement, il prie le Congrès d'accepter l'hommage de sa profonde reconnaissance : la constante bienveillance de tous ses collègues lui a procuré la douce illusion de se croire revenu aux heureuses années où l'on a la force d'être utile.

Grâce à la résolution de proroger le Congrès, M. Duverger est heureux de ne pas dire à ses collègues : adieu, mais seulement : au prochain et désiré revoir.